- Co

Du même auteur, Luc Dumont

Il n'y a que l'heure qui change... Lansman, 1993, 1996.
Barbarie (1989).
Faut pas rêver. Lansman, 1991.
Judith (trop tôt sans doute). Cerisier, 1993.
Narcisse et moi, et moi, et moi... (1994, avec François Sikivie)
J'ai besoin d'une étoile. Lansman, 1996.
One, Two. Lansman, 1996.

♦

Après des études en arts plastiques, Luc Dumont découvre le monde du théâtre et y réalise des masques, géants et marionnettes. Il se sent peu à peu gagné par le désir "d'expérimenter les planches". Il participe entre autres à une formation sur l'univers brechtien et prend part en tant que comédien à plusieurs créations collectives entre 1978 et 1986, tout en suivant les cours du Conservatoire de Liège.

En 1984, il découvre le public adolescent pour lequel il joue et anime des ateliers, principalement au sein de maisons de jeunes. Dès 1986, il fonde le Zététique Théâtre, tourné essentiellement vers ces "ados" ; il s'essaie à l'écriture et à la mise en scène.

Aujourd'hui, "le virus de l'écriture" est bien implanté chez lui. Si, jusqu'à présent, la plupart de ses pièces ont été écrites en liaison directe avec la création des spectacles sur le plateau, il semble prendre goût à l'écriture "solitaire" qui s'impose maintenant à ses yeux comme son principal "cheval de bataille". Avec succès puisque l'association Promotion Théâtre et la Province de Liège lui ont commandé la scène imposée du concours "Scènes à deux 96" (*One, Two*).

♦

Prix SACD pour *Faut pas rêver* en 1990.
Prix de littérature dramatique de la Province de Liège en 1995.

D/1996/5438/161 ISBN 2-87282-160-0

- Théâtre pour adolescents -

J'ai besoin d'une étoile

♦

Il n'y a que l'heure qui change... et encore pas très vite

♦

One, Two

Luc Dumont

- Editions Lansman -

Dessin de couverture : Luc Dumont

J'ai besoin d'une étoile

J'ai besoin d'une étoile a été créée en 1995 par le Zététique Théâtre avec Sara Puma et Lara Persain dans les rôles de Mine et Alex. L'auteur en assurait la mise en scène.

La pièce a été lue à Montréal en mai 1996, dans le cadre du festival "Coups de théâtre", par Isabelle Brouillette et Guillermina Kerwin. Mise en lecture : François Archambault.

1.

Alex et Mine viennent de se retrouver sur le kiosque où elles s'étaient donné rendez-vous. Alex se remet du rouge aux lèvres et revoit sa coiffure pendant que Mine somnole, un livre ouvert sur les genoux. Elles parlent, la plupart du temps, à mi-voix.

Alex : Je suis prête, Mine. Tu viens ?

Mine : Alex, lâche-moi. Tu te fous de moi et ça m'agace !

Alex : Encore ?! J'arrive, tu m'engueules ; je veux repartir, je t'agace. Heureusement que tu avais promis de ne pas me faire de scène aujourd'hui...

Mine : JE t'engueule parce que TOI, tu avais juré sur toutes les têtes de ta famille d'arriver au kiosque pour minuit... et pas à deux heures. TU m'agaces parce que je t'ai dit cent fois qu'à cette heure-ci, je préférerais rentrer dormir, et que tu ne veux pas m'entendre.

Alex : Allez ! Tu as dit ça sur un coup de tête parce que tu étais vexée.

Mine *(fort)* : Un coup de tête, moi ?

Alex : Chuuut !

Mine : Tu m'as sorti un cinéma pas possible parce que Thomas nous avait invitées pour dix heures, qu'il était incroyable que je travaille aujourd'hui et que tu détestais arriver la dernière, paumée dans l'ambiance...

Alex : Et alors ?

Mine : Alors je ferme le snack à minuit comme prévu, j'arrive au kiosque comme prévu... et je glande deux heures ! Mais quand mademoiselle s'amène, je dois me taire !

Alex : Je n'en peux rien. Patrick avait promis de me ramener, mais il a prêté son Walarou à Eric !

Mine *(à part)* : Pour une fois, le pigeon s'est débiné.

Alex : Qu'est-ce que tu chantes ?

Mine : Rien, rien... A propos... je n'avais pas entendu dire que tu m'attendais pour sortir, ce soir ?

Alex : Ils sont passés me chercher...

Mine : Non ?!

Alex : Si.

Mine *(ironique)* : TOUS ?

Alex : ... Presque tous, oui !

Mine : Alors, excuse-moi, je comprends : ils s'ennuyaient sans toi ; tu ne pouvais pas refuser !

Alex : Tu ne me crois pas ?

Mine : Alex, arrête de rêver. Ils ne sont jamais passés au kot, aucun, jamais avant aujourd'hui.

Alex *(au public)* : Voilà ce qu'on appelle une amie !

Mine : Ne nous fais pas le numéro de l'amie, tu veux ?

Alex : Mine ! Tu comprends...

Mine *(l'imitant)* : "Tu comprends, Mine..." Non, je ne peux pas comprendre ! Il y a des limites !

Alex : Exactement ! C'est ta première sortie depuis des mois, une soirée organisée par TON Thomas. Et pour un détail, tu vas tout rater. Non, décidément, je ne te comprends pas.

Mine : Surtout n'essaie pas.

Alex : Pourquoi ?

Mine : Impossible. Faut garder de la mémoire vive pour le reste, ma vieille !

Alex : Mémoire quoi ? ... O.K., j'abandonne. *(Au public)* Elle m'énerve à toujours avoir le dernier mot, elle m'énerve !!! *(A Mine)* Bon, je te fais une proposition : on va jusque chez Thomas ensemble et là, tu m'ignores.

Mine : Impossible ! Tu prends toute la place.

Alex : Je te jure que non, pas ce soir... Alors ? ... Viens pour lui et pour tous les autres QUI NOUS ATTENDENT !

Mine : CHUUUUT ! Tu n'es pas obligée d'imposer tes nuits blanches à tout le quartier !

Alex : ... Alors ?

Mine : Pas question !

Alex : Tu t'en fous ou quoi ?

Mine : Non. Justement, non ! Pas plus que toi, Alex, c'est clair ? Cette soirée, c'était très important pour moi... mais c'est raté, voilà !

Alex : Par ma faute... et tu me détestes, c'est ça ? Tu peux me mettre ça sur le dos, si tu y tiens ! ... Je suis certaine que tu me détestes. Je n'ai qu'une amie et elle me déteste. A moins que... mais bien sûr, j'ai compris. Vas-y, je ne te suivrai pas... Allez, va. Tu es libre, non ?

Mine : Ne complique pas les choses, tu veux ?

Alex : Parce que je complique ! Tu ne me connais décidément pas du tout. Si tu me connaissais, juste un peu, tu saurais que moi - Alex - devant toi - Mine - les yeux dans les yeux, je voudrais que tout soit simple. S'il y a une chose au monde que je désire encore, c'est la simplicité ! Tout ce que je voudrais, c'est que la vie soit simple. Mais, exprès pour me faire enrager, ce n'est pas le cas. Salope !

(Alex rage. Elle tourne en rond et se retrouve couchée sur le sol ; silencieuse, elle regarde le ciel étoilé et se calme)

Alex : Antarès !

Mine : Antarès ?

Alex C'est mon étoile. Elle est là, juste au-dessus de nous.

Mine : Tu connais les étoiles, toi ?

Alex : Mon grand-père. C'est la première que j'ai pu reconnaître seule. Elle appartient à la constellation du Scorpion. Elle navigue à quatre cent vingt-cinq années de lumière de notre système solaire, soit quatre millions deux cent cinquante mille milliards de kilomètres.

Mine : Tu en connais d'autres ?

Alex : Quelques-unes. Sirius ; Véga, constellation Lyre ; Rigel ; Epi ; Adhara, constellation Grand chien... Les plus brillantes, c'est facile. Mon pépé ! Il avait un super télescope. Une nuit, il m'a emmenée à l'observatoire... Tu ne connais pas les étoiles ?

Mine : La Grande Ourse, comme tout le monde.

Alex : Je te ferai rencontrer mon grand-père. C'est super, la nuit, tu vois.

Mine : A la campagne. *(Elle va s'asseoir et lit)*

Alex : A la campagne pour le ciel, à la ville pour la terre. Chacun son truc ! Allez, viens, laisse-toi faire...

Mine : Vas-y sans moi. Je t'attends.

Alex : TES IDÉES FIXES TE TUERONT !

2.

Mine lit toujours. Alex joue avec des petits cailloux.

Alex : Quand je pense que je devrais danser, qu'ils sont tous là, et que je reste ici à glander...

Mine : Ce n'est pas drôle, hein ? Tu trouves aussi ? *(Regards. Un temps)* Qu'attends-tu pour les rejoindre ?

Alex : TOI ! *(A part)* Ma main au feu qu'elle ne lit pas. *(Alex laisse s'installer le silence. Mine, plongée dans son livre, réagit à sa lecture)* ELLE LIT ! Je vous jure qu'elle lit ! ... Antarès, coupe les fusibles, fais quelque chose, plonge-la dans le noir, arrache-lui les yeux ! *(Un temps)* Laisse tomber, c'est la pleine lune ! Toi, cesse de me narguer : sans ton soleil, tu serais moins fière. Astre mort ! ... Il n'y a vraiment rien à attendre de nulle part.

Mine : Tu es toujours là ?

Alex : J'ai besoin de bouger, Mine. Si je réfléchis encore, je sens que... Ferme ton bouquin. Ce silence me fait peur.

Mine : Oh, tu sais, le silence...

Alex : Non, je n'ai rien dit, juré, ce n'est pas moi qui ai parlé de silence. Ni moi, ni personne... Chuuut. *(Au public)* Excusez-moi. Elle a un discours tout préparé à propos du silence. Je l'ai déjà souvent entendu, beaucoup trop ! Même avant de m'endormir, je l'entends. Et ce ne sont pas des hallucinations : certains soirs, sa voix se planque sous mes draps... Et elle ose se demander pourquoi je sors ?!

Mine : Va danser. Il ne t'attendra pas jusqu'à demain.

Alex : Qui ?

Mine : IL.

Alex : Que veux-tu dire ?

Mine : Il n'y a qu'un rendez-vous avec Pierre qui peut te mettre dans un état pareil.

Alex : Et c'est parti pour un sermon. Décidément, tu comprends beaucoup mieux mes histoires que les tiennes.

Mine : Tu l'as revu, oui ou non ? Tu ressors avec lui, oui ou non ?

Alex : Regarde dans ton assiette, tu veux ? C'est TON Thomas qui nous invite chez lui, non ?

Mine : Exact.

Alex : Je vois. Madame a un problème à régler !

Mine : Ton assiette ! Si tu as peur de rater Pierre, moi, je ne veux pas rencontrer Thomas. Compris ?

Alex : Tu veux le perdre ?

Mime : Il sait où me trouver. S'il a encore envie de me voir, il sait où je l'attendrai.

Alex : Et voilà, aussi sec ! C'est d'une simplicité incroyable ! Des idées préhistoriques qui lui remontent à la tête. Ça lui vient en direct de son père : la princesse attend au balcon ! *(A Mine)* Je te rappelle que tu vis au vingtième siècle, en mil neuf cent nonante-six ! Je sais que tes tripes dansent le pogo. Pourquoi veux-tu rester indifférente ?

Mine : Indifférente, moi ?!

Alex : A force, tu vas exploser ; c'est moi qui te le dis. Soulève au moins la soupape si tu veux survivre ! *(Mine sourit)* En attendant, Madame nous retient toutes les deux sur ce kiosque, sans Mozart.

Mine : Et sans Pierre.

Alex : ... Pourquoi, dans cette vie, faut-il choisir toutes les dix minutes ? *(A part)* Elle va me sortir un proverbe, je le sens.

Mine : Pèse le pour et le contre.

Alex : Ce n'est pas un proverbe ça.

Mine : C'est un conseil.

Alex : C'est une idiotie.

(Elles se font face et ne peuvent s'empêcher de rire)

Mine : Il y a une semaine, il était le roi des salauds, non ?

Alex : Je n'en peux rien, quand je le vois...

Ensemble : ...je fonds.

Mine : "Oh, Mine ! Il a acheté le Perfecto à quinze mille, celui que je t'ai montré. Avec son jean super moulant, il est mignon. Il a un de ces culs !"

Alex : Je ne m'appelle pas Hélène. Ni Bénédicte. Ni Branda, ni Laly, ni Adeline. Et il ne m'a pas amenée jusqu'ici en Porsche, que je sache ! ... C'est vrai qu'il est beau, quoi ! Tu me l'as dit toi-même. D'ailleurs tout le monde le dit.

Mine : Remarque, il n'a pas attendu que tout le monde le lui dise pour le savoir !

Alex : Ce n'est quand même pas une tare ! Thomas aussi est beau, non ? Il a les yeux les plus noirs du monde ! Enfin, pour toi.

Mine : Ce n'est pas pareil. Pierre est beau, c'est tout !

Alex : Evidemment. Alors que ton mec lui, en plus, est une lumière. Un vrai dictionnaire ambulant. Je sais : n'oublie pas que je l'ai eu avant toi.

Mine : Je connais la liste par coeur, merci. J'ai suivi le feuilleton. Chaque épisode en direct. J'ai eu l'honneur d'être ton punching-ball, et tu as inondé mes tee-shirts de larmes.

Alex : On fera les comptes plus tard, maman.

Mine : Ne répète jamais ça, Alex. Ne te fous pas de moi, c'est un conseil ! Je ne supporte pas être piétinée.

Alex : Comme je ne supporte ni ta morale, ni tes principes... et encore moins ton habitude de me les mettre sur le dos.

Mine : Exemple ?

Alex : Peser le pour et le contre ! Si dès que tu rencontres quelqu'un, tu te mets à chercher la petite bête, où est le plaisir ? Ce n'est plus de l'amour, c'est de l'anatomie, de la dissection ! Tu ne peux plus t'amuser, te laisser aller ; il faut parfois laisser reposer le cerveau, sinon c'est trop dur.

3.

Alex *(après un long silence)* : On n'y va plus alors ? *(Mine fait signe que non)* Plus du tout ?

Mine : ...

Alex *(qui entame une danse de la pluie)* : Il pleut.

Mine : Arrête, Alex.

Alex : Il va y avoir un orage, tu vois...

Mine : Pourquoi tu fais ça ?

Alex : Appelle la pluie avec moi. Viens !

Mine : Tu m'épuises, j'ai envie de dormir.

Alex : Tu m'fais chier. Y'a que lui qui compte !

Mine : Qui ?

Alex : TON LIT ! ... Je suis toute seule. Tu n'as rien devant toi. Et ce n'est rien, ce que nous avons fait ensemble... Décidément, il n'y a rien entre les gens. Rien ! ... D'ailleurs, pas loin d'ici, un homme a été retrouvé chez lui, mort depuis dix jours !

Mine : Qu'est-ce que tu racontes ?

Alex : Qui, moi ? ... Rien, du vent.

Mine : Excuse-moi. Je n'ai pas soufflé une seconde de la soirée. Ils sont tous arrivés en même temps : "UN DAGOBERT ! ET MON OMELETTE ? DU PAIN FRAIS, TU AS ? ÇA M'ÉTONNERAIT. ELLE N'EST PAS SALÉE, LA SAUCE. L'ADDITION, POUR LES BIÈRES CHAUDES ! MIMINE, (j'adore) TU CONNAIS LA DERNIÈRE ?" Pendant deux heures, il m'a pondu les dernières du jour !

Alex : C'est toi qui as décidé de travailler.

Mine : Tu crois que j'avais le choix ? Tu penses que je choisis tout ce que je fais ?

Alex : Ben oui. Sinon qui d'autre ?

Mine : Et qui paierait le kot, et mes cours, et TES photocopies de mes cours ?

Alex : Tu peux refuser…

Mine : J'ai besoin de ce boulot !

Alex : Tu veux ce boulot, ou un autre, parce que tu refuses le fric que ton père te propose. Tu le méprises.

Mine : Mon père ?

Alex : Son fric.

Mine : J'ai mes raisons.

Alex : Tu veux tout faire seule. Ne rien devoir à personne… C'est dans tes bouquins que tu as trouvé ces idées-là ? Tu cours, tu cours… mais après quoi ? Tu es poursuivie ou quoi ? Ils ne disent pas que tu pourrais te faire un peu de bien, tes bouquins ?

Mine *(en pleurs)* : Je pue le thon et la sauce lapin. Je ne veux pas que Thomas me voie comme ça. *(Long silence)* C'est bon ce calme.

Alex : Je ne supporte pas ne pas entendre de bruit. *(Elle se bouche les oreilles. Mine la regarde et rit. Silence)* Parle.

Mine : …

Alex : De toutes façons, c'est foutu, tu vois. C'était pourtant bien reparti. Il était tout changé.

Mine : Comme chaque fois.

Alex : Non. Il voulait que je reste cette nuit avec lui.

Mine : Chez ses parents ?

Alex : Chez un copain ; il a la clef.

Mine : Qu'est-ce que tu attends pour aller le rejoindre ?

Alex : J'ai un peu peur. Je me disais qu'avec toi… enfin, je ne sais pas…

Mine : Attends un peu, là. Tu voulais aussi que je t'accompagne jusque là ? C'est ça ?

Alex : Tu aurais dormi dans la chambre à côté.

Mine *(moqueuse)* : Et au réveil, je vous aurais apporté des croissants ? ... Tu as peur de quoi ?

Alex : Que ça ne se passe pas bien.

Mine : Alex : c'est pas la première fois, quand même ?

Alex *(avec un "oui" de la tête)* : Hmm... Tu penses que je suis conne ?

Mine : Pourquoi ?

Alex : Une fois, j'ai dit que j'étais vierge à un copain et une copine ; ils ont ri pendant dix minutes !

Mine : Ils l'étaient autant que toi.

Alex : Tu crois ?

Mine : Ben... pourquoi pas ?

Alex : Je voulais être sûre qu'il m'aime... et qu'il ne me laisserait pas tomber après. Il y a trop de filles qui se laissent prendre, tu vois...

Mine : Et maintenant ?

Alex : J'ai peur qu'il me trouve moins bien que les autres. Et je ne sais pas vraiment si je l'aime. ... Tu crois qu'on peut apprendre ? ... C'était comment, toi, la première fois ?

Mine : Comme ça...

Alex : C'était Thomas ?

Mine : Non, avant. Avec un gars que je ne connaissais pas vraiment, pendant les vacances...

Alex : Beurk, je n'aimerais pas ça. ... Et le préservatif, c'est toi qui lui as demandé, ou c'est lui ?

Mine : Ni lui, ni moi.

Alex : Quoi ? Tu l'as fait sans ? T'es folle ou quoi ?

Mine : Je n'ai pas osé.

Alex : Pas osé ? C'est la meilleure ! Tu n'oses pas parler, mais tu oses risquer ta vie ?! C'est dément !

Mine : ...

Alex : Et lui non plus ? Vous n'en avez jamais parlé ?

Mine : Si, après.

Alex : Je n'en crois pas mes oreilles ! Madame critique mes sorties, mes copains et le reste... pendant qu'elle s'envoie en l'air, tranquillos, sans filet !

Mine : A Thomas non plus, je n'arrive pas à parler, c'est plus fort que moi.

Alex : Qu'est-ce que tu me chantes là ? Tu m'as bassiné les oreilles avec son intelligence, son ouverture d'esprit...

Mine : Ce n'est pas la même chose. Parler d'amour... enfin, ces mots-là, je n'y arrive pas ! J'ai l'impression d'être chez le médecin, ou de zizicapoter comme une gamine ! Impossible !

Alex : C'est évident. Trop pratique, trop terre à terre pour Madame.

Mine : Alex, ce n'est pas le moment. Laisse-moi.

Alex : Bien sûr. C'est trop grave, n'en parlons plus. Parlons météo, par exemple ? On parlera de la vie plus tard. Ou jamais, pourquoi pas ? Personne n'aime parler de la vie. Pourtant, moi, c'est elle qui m'intéresse. *(Silence)* Bon, ben c'est trop tard. Foutu ! Tout seul, il ne tiendra pas le coup.

Mine : Thomas et moi...

Alex : Il ne s'agit pas de Thomas. Il s'appelle Pierre et moi, Alex. Je l'entends d'ici : "Tu ne veux pas me garder, ou quoi ?"

Mine : C'est toi qu'il veut, ou un chien de garde ?

Alex : Très drôle. Tu t'en fous, toi. Demain, il reviendra et votre histoire continuera.

Mine : S'il pouvait deviner que je suis là...

Alex : Il sait que tu y viens parfois ?

Mine : Non. *(Rires des deux)* J'en ai marre. Si on parlait d'autre chose, pour une fois ?

Alex : D'accord. On ne parle plus d'eux. *(Silence)* Tu sais, il m'a dit "Je suis une bête sauvage. A toi de me dresser".

Mine : OUAH ! La panthère ! *(Un temps)* A moi, il dit "Je t'aime, mais je dois vivre aussi..."

Alex : Mais bien sûr : l'amour, c'est la mort ! *(Rires)* Il dit "L'amour, c'est regarder dans la même direction". Alors, on regarde le building en face.

Mine : Il dit "Tu ne manges pas beaucoup. Prends une pomme. Quoi, tu manges encore ?"

Alex : Il dit "Une fille est plus belle mince que grosse, c'est évident !"

Mine : Il dit juste.

Alex : Il dit "Pense que la vie est un jeu".

Mine : Il dit "Tu auras une maison". Il dit "Je prends les clefs".

Alex : De toutes façons, je perds toujours les miennes.

Mine : Il dit "Je suis un homme, j'ai besoin d'espace. Tu comprends, c'est la nature qui veut ça".

Alex : Elle dit "Merci, papa !"

Mine : Il dit "Attends-moi, je reviens".

Alex : "BOUGE PAS ! JE REVIENS".

Mine : Elle dit "Tu penseras à moi ? Quand rentres-tu ?"

Alex : Il dit "Pourquoi ? Tu comptes sortir ?"

Mine : "Non, non".

Alex : "Alors, quelle importance ?"

Mine : Il dit "Nos vieux n'ont rien compris. Tu peux compter sur moi. T'inquiète pas".

Alex : Il dit "Souris, tu es plus belle. J'aime pas tes cheveux courts".

Mine : Tu vois comme il est attentif. Je compte pour lui.

Alex : Il dit "Pourquoi as-tu encore besoin de tes copines ? Ça te passera. C'est une question de temps".

Mine : Il dit "Un homme est ainsi fait, il a besoin de copains".

Alex : Il dit "La fête, c'est pour les jeunes. Tu es une femme, maintenant. ... Je mangerai en rentrant".

Mine : Il dit "Demain, après le sqwatch, je vois Christian !"

Alex : Elle comprend "Costume gris et chemise à pois".

Mine : Elle dit "Tu laisseras un peu d'argent ?" Il dit "Bien sûr, mon amour". Mais il oublie. Son travail le préoccupe tellement !

Alex : Il dit "C'est foutu, je suis viré".

Mine : Elle dit "Tu retrouveras".

Alex : "Trop tard".

Mine : "Je travaillerai !".

Alex : "Pour me montrer que je suis devenu inutile ?"

Mine : "Pour continuer comme avant, il nous faut de l'argent".

Alex : "Avant, c'est du passé. C'est devant qu'il faut regarder".

Mine : "S'aimer c'est..."

Alex : "Tu as acheté le programme T.V. ?"

Mine : "Je n'ai pas eu le temps. Tu pourrais t'en charger ?"

Alex : "Tu l'as toujours fait".

Mine : "Avant !"

Alex : "Chuuut !" *(Elle imite un jingle T.V.)* : "Dorénavant, tout emploi vacant devra être proposé aussi bien aux hommes qu'aux femmes. Le parlement vient en effet de voter..."

Mine : Il dit "Et voilà !"

Alex : "Voilà quoi ?"

Mime : Il dit "C'est le désordre. Qui s'étonnera que le monde tombe en panne. Une belle mécanique a besoin d'ordre, d'un réglage fin. Chaque pièce, à sa place, joue son rôle. Une pièce pour moteur diesel ne se pose pas dans un moteur à essence".

Alex : Et avant l'invention du moteur ?

Mime : Juste ! Supprimons les moteurs. Elle dit "Il faut inventer un nouveau moteur, un nouveau monde !"

Alex : Il dit "Pourquoi ? Il tourne depuis des millénaires. On ne change pas une mécanique qui gagne".

Mine : Elle dit "Qui gagne quoi ?" Il dit "Je n'aime pas tes questions".

Alex : Il dit "J'ai peur".

Mine : Elle dit "Pourquoi pas ? Moi aussi, j'ai peur..."

(Long silence)

Alex : Mine, je ne savais pas que vivre était si compliqué.

Mine : Ce sera peut-être très simple plus tard ?

Alex : J'aimerais bien m'en foutre, mais je n'y arrive pas. Par exemple...

Mine : Au hasard !

Alex : Oui.

Mine : Pierre...

Alex : Comment le sais-tu ?

Mine : Je pensais à Thomas !

Alex : Quand il se retrouve seul avec moi, il ne dit plus rien.

Mine : Quand je le vois avec les autres, je ne débite que des conneries.

Alex : Je me demande ce qu'il pense de moi.

Mine : Je me demande ce que je pense de moi.

L'une après l'autre, en écho : Tu veux que je te dise ? Je voudrais penser à autre chose... Non, c'est faux. Je ne sais plus.

4.

Alex : Ça va ?

Mine : Ça va. Je ne me sens juste pas bien, quoi.

Alex : Regarde le ciel.

Mine : Ecoute.

Alex : Mine, je bouge. Je bouge à l'intérieur. Je sens l'intérieur de mon corps. Et toi ?

Mine : Un vertige. Je rêve souvent que je me retrouve dans le vide...

Alex : Tu tombes ?

Mine : Parfois. Chaque fois que j'approche du sol, il s'efface au dernier moment.

Alex : Tu arrives où ?

Mine : Nulle part. Je m'éveille avant d'arriver.

Alex : C'est chiant les rêves qui ne finissent pas.

Mine : D'autres fois, je flotte...

Alex : Ce serait génial !

Mine : Je me demande ce que ça veut dire.

Alex : Kiosque treize mille cent soixante-sept appelle tour de contrôle. Je répète : Kiosque treize mille cent soixante-sept appelle tour de contrôle...

Mine : Ici tour de contrôle, à vous !

Alex : Tout est prêt pour le décollage. A vous !

Mine : Quand vous voulez. A vous !

Alex : Salut, over ! Accroche-toi, un baptême de l'air en ballon, ce n'est pas un beau cadeau ?

Mine : Nickel.

Alex : C'est parti !

Mine : Où ?

Alex : Au hasard. Il faut d'abord prendre de l'altitude, puis se laisser porter par les vents.

Mine : Regarde, la ville s'éveille. J'adore. On dirait qu'elle respire !

Alex : Les gens sont drôles. Comment peuvent-ils être levés, lavés, habillés, maquillés, coiffés, avoir mangé et être partis si tôt ?

Mine : Imagine ta vie à l'envers. Ils se couchent quand tu sors.

Alex : C'est con, ces décalages. Il y a sûrement des tas de beaux mecs que je ne rencontrerai jamais.

Mine : Dans deux heures, ici, ce ne sera plus qu'une grosse tache grouillante. Un nid de stress, quoi.

Alex : Tu es choquée parce que tu viens de la campagne ; moi, je n'entends plus rien.

Mine : Tu as toujours vécu en ville ?

Alex : Quand j'étais toute gosse, mes parents ont essayé la campagne. Deux ans, je crois. Mon père dit que ma mère devenait dingue ; elle dit que c'était moi... Tu crois qu'ils nous voient d'en bas ?

Mine : Le ballon, oui. Nous, je ne crois pas.

Alex : Si quelqu'un pouvait lever les yeux. Le vendeur de fleurs, là.

Mine : Je te vois venir.

Alex : Je te jure que ça marche. Regarde : un client nous observe. Puis ceux qui attendent au feu. Ils oublient de traverser. Le chauffeur de bus se demande ce qui se passe, il sort, les passagers râlent, ils sortent, klaxons... *(Elle dirige les opérations comme un réalisateur de cinéma)* Un combi. Sirène. Le flic au carrefour, les yeux en l'air, il lève les bras, tout s'arrête. Nous prenons de l'altitude. Les copains devant l'école, le nez en l'air - sonnerie - le préfet sur les marches croit qu'il a la berlue. Il essuie ses lunettes. - Eh, oh ! C'est nous, Mine et Alex ! - Des Japonais, des journalistes : clic, clic, clic... J.T., édition spéciale.

> Veuillez excuser cette interruption. La diffusion de "Drôles de dames" reprendra vers vingt heures. Nous apprenons à l'instant que Mine et Alex se sont envolées, seules, aux commandes d'une montgolfière. Elles font preuve d'un courage énorme. Des messages d'encouragement nous arrivent par milliers. Un concert est organisé au centre ville en soutien à l'opération. Nous rejoignons notre

correspondant à l'entrée de l'école. Oui, merci, Roger, je suis ici en compagnie de Thomas et d'Isabelle, deux copains de Mine et Alex. Thomas, une première réaction à chaud ? "Je suis épaté. Mine est une fille super. Je la croyais timide. Je, heu... Chapeau".

(Alex chante la musique du générique de "Drôles de dames" qu'elles miment ensemble)

5.

Alex : Où aimerais-tu aller ?

Mine : Où je pourrais gueuler de toutes mes forces sans être entendue.

Alex : Ça me va. Je ne comprends pas, mais ça me plaît. *(Un temps)* "Gueuler sans être entendue": tu as quelque chose à dire à personne ?

Mine : Je ne sais pas.

Alex : Tu crois qu'on passera la frontière ?

Mine : Evidemment !

Alex : Je ne suis jamais sortie du pays, tu vois.

Mine : Même pour les vacances ?

Alex : Peut-être quand j'étais gosse, mais j'ai oublié. Tu as voyagé, toi ?

Mine : Quand mes parents vivaient ensemble, oui.

Alex : Je me demande comment on peut vivre ailleurs que chez nous.

Mine : Tu exagères un peu. Tu n'as pas grandi dans une caverne... Il y avait la T.V. chez toi.

Alex : Je n'y crois pas vraiment, tu vois. Je ne suis peut-être pas normale. Je regarde, je sais que c'est vrai, mais je ne le sens pas. Tu comprends ? Regarde. A la T.V., je vois des images dégueulasses : des corps qui explosent, qui s'étripent, des morceaux de bras. Des têtes écrasées sucées par les vautours... Tu as déjà vu un vrai vautour ? Tout près de toi.

Moi, oui. Dans une réserve. Ce jour-là, j'ai paniqué. Il était lourd, énorme. Il a juste ouvert les ailes, j'ai hurlé et j'ai reculé de trois mètres. A la T.V., je ne sens pas ça. Mon père me dit toujours : "La guerre, c'est atroce, non ?" C'est vrai, mais je ne le sens pas. Ou rarement... Pourquoi je parlais de ça ?

Mine : A propos des voyages.

Alex : Ah oui. C'est pareil. Je sais que tout existe, le monde et tout. Mais en réalité, je n'en suis pas sûre. ...Où sommes-nous ?

Mine : Aucune idée.

Alex : Pas d'importance. Tu as raison, je m'en fous aussi.

Mine : Au hasard, quoi.

Alex : Oui. Oh, Mine, j'adore ! Tu aurais imaginé qu'on se retrouverait ici, un jour ? Tu n'as pas du tout envie de savoir vers où va le ballon ?

Mine : Non.

Alex : C'est génial. Moi non plus.

Mine : Voir le Grand Canyon, aux Etats-Unis.

Alex : Tu es complètement barjo. Qu'est ce que tu y ferais ?

Mine : Je descends au fond, je me couche sur le sable et j'attends... les vautours !

Alex : Les vautours, hein ? ... Tu as encore du chocolat ?

(Mine le lui tend)

6.

Mine : Vingt heures trente. Flash info : "Mesdames, messieurs, la vague d'admiration soulevée par la performance de Mine et Alex a fait place au silence et à l'inquiétude. Plus aucune nouvelle ne nous est parvenue depuis seize heures. Un phénomène atmosphérique empêche tout radar de les repérer. Sans vous alarmer inutilement - nous pensons tout particulièrement aux proches de nos amies - nous vous demandons de patienter. Notre chaîne vous tiendra informés dès que possible."

Alex : Depuis seize heures ?

Mine : Pense à garder du chocolat.

Alex : Il y a encore des chips.

Mine : Garde-les aussi.

Alex : Explique.

Mine : Les contacts sont coupés avec la terre. Le voyage risque de durer longtemps.

Alex : Dément ! Quelques minutes et...

Mine : NON !

Alex : Ils enverront un hélicoptère. Ça se fait.

Mine : A la T.V., oui pour sauver des otages ou des héros...

Alex *(faussement larmoyante)* : Pour nous, pauvres petites filles, rien. Qui pourrait s'intéresser à notre sort ? Personne... Si j'avais la moitié de tes idées noires en tête, il y a longtemps que j'aurais largué les amarres.

Mine : C'est ce que nous avons fait.

Alex : Je n'aime pas ce jeu là.

Mine : Je ne choisis pas.

Alex : Où sommes-nous ?

Mine : A Hasard City.

Alex : Ne me prends pas pour une idiote. Tu resteras si tu veux. Mais j'ai un tas de copains qui feront tout pour me retrouver.

Mine : Pierre ?

Alex : D'abord, oui.

Mine : Certaine ?

Alex : Ou Thomas. Ce n'est pas parce que c'est ton mec qu'il m'oubliera.

Mine : Possible. Il y a tous les jours des dizaines de personnes qui disparaissent, des centaines qui les cherchent et des millions qui n'en ont rien à cirer.

Alex : Parfois, elles ne sont jamais retrouvées...

Mine : Ou mortes...

Alex : Ou enfermées, ou vendues...

Mine : Les enfants et les jeunes se vendent bien.

Alex : Surtout les jeunes filles.

Mine : Entières ou par morceaux ?

Alex : Arrête !

Mine : Pour les organes, combien tu vaux ?

Alex : Moi ? Pourquoi moi ?

Mine : Cent mille francs ?

Alex : Quoi ? Moins cher qu'une moto ?!

Mine : A peine les pneus et l'assurance.

Alex : Tu es dans le coup aussi. Tu l'oublies ?

Mine : J'espère bien !

Alex *(au public)* : Ce n'est pas vrai ! Toujours le dernier mot. Elle m'énerve ! Je parie qu'elle prépare ses réponses, le soir, dans son lit, au cas où...

Mine : Deux jeunes touristes kidnappées. Je ne veux pas rater ça.

Alex : Arrête !

Mine : Le ballon atterrit. "ILS" nous attendent.

Alex : QUI ?

Mine : "ILS" nous offrent du champagne. "ILS" rient...

Alex : Pourquoi ?

Mine : "ILS" rient de plus en plus fort, sauf un, petit, maigrichon ; il est resté assis dans la voiture, sans regarder. Les rires s'éloignent petit à petit, de plus en plus loin, les voix se mélangent. On s'endort. Le champagne était super mais drogué. Le petit lève un doigt, le doigt à la chevalière. Hop !

Toi et moi dans des sacs, hop !, les sacs dans le coffre d'une grosse caisse américaine.

Alex : Et le voyage continue.

Mine : Pas où tu crois !

Alex : Maintenant, je m'attends à tout.

Mine : Le lendemain, tu t'éveilles. Un tatouage sur l'épaule : numéro dix-sept mille huit cent soixante-quatre. Un salon super classe.

Alex : Là, c'est trop !

Mine : Une dizaine de femmes autour de toi, assises ou couchées. Vous attendez les clients. C'est ton nouveau job.

Alex : Quoi ? Tu accepterais de...

Mine : Sois raisonnable, chérie, tu n'as pas le choix.

Alex : Où se trouve ce bordel ?

Mine : Pour laisser l'adresse ? Inutile. Tu es ici, tu n'en bouges plus.

Alex : Et toi ? Je peux savoir ?

Mine : Dans le salon à côté, ou dans une autre ville.

Alex *(elle s'approche de Mine)* : Alors TRAVAILLE !

(Alex force Mine à regarder le public, à sourire)

Mine : Lâche-moi, ça ne marchera pas. Lâche-moi, je te dis !

Alex : Tu es dégueulasse avec ton cinéma.

Mine : C'est toi qui voulais parler de la vie.

Alex : D'accord. Mais de la vie, ici ; je ne vis pas dans la jungle !

Mine : Dommage. Tu y serais plus en sécurité.

Alex : Tu parles comme mon père : "Attention, Alex, tu es devenue une jeune femme, ma fille. Une belle grande jeune femme. Les hommes ne sont pas des agneaux".

Mine : Tu t'en es rendu compte.

Alex : J'avais remarqué, merci ! Si je meurs à septante ans, il me reste dix-neuf mille trois cent quarante-cinq jours, soit quatre cent soixante-quatre mille deux cent quatre-vingts heures. Je ne compte pas les passer entre quatre murs.

Mine : Surtout chez papa.

Alex : J'te dis pas !

Mine *(jouant la mère)* : Où vas-tu ?

Alex : Tu l'vois bien, je sors.

Mine : Pour aller où ?

Alex : Dehors...

Mine : Avec qui ?

Alex *(même jeu que Mine)* : Quel copain ?

Mine : Un copain, quoi !

Alex : Je l'connais ?

Mine : Où allez-vous ?

Alex : DE-HORS !!!

Mine : Aaah, tu veux ma mort !

Alex : Le fric, tu crois que je le ponds ?

Mine : Pourquoi t'habilles-tu toujours en noir ?

Alex : Tu mets cette jupe-là ? Tu n'as pas plus court ?

Mine : Bonjour, Madame ; oui, Madame ; non, Madame ; tout est prêt, Madame !

Alex : Maman, je voudrais... ARRÊTE L'ASPIRATEUR !

Mine : C'est dommage que tu ne parles pas mieux le français.

Alex : Bon, je vais au P.M.S.

Mine : Tu as osé tout plaquer ?

Alex : Avec toi, on dirait toujours que je mens !

Mine : Rentrer, déjà ?

Alex : Tu m'emmèneras ? Jure-le !

Mine : Je n'arrive jamais à dire non...

Alex : J'aime pas, j'ai l'air d'un tonneau là-dedans.

Mine : Arrête de rire. Arrête un peu de sourire. Arrête !

Alex : Je l'adore, je l'adore, je l'adore au ventre, ce disque !

Mine : Dam, j'comprends pas.

Alex : Je l'ai touché.

Mine : Maman ? Maman ?... Maman, tu crois que je vais mourir ?

Alex : Quand t'es morte, tu ne peux plus... Tu ne peux plus !

Mine : Je ne lui dirai jamais. Je me ferais tuer.

Alex : Tu ne peux plus perdre ton élastique !

Mine : J'ai épluché des oignons toute la journée. Le téléphone a sonné. Ma mère a crié : Mine !

Alex : C'est que c'est sérieux, alors.

Mine : Il me manque.

Alex : Pourquoi on ne me l'a jamais dit ? Vous ne savez pas parler ? Pourquoi il fait toujours sombre ici ? Vous êtes tout blancs.

Mine : Il a fini toxico, je ne sais pas moi, s'il vit encore.

Alex : Vous pensez toujours à dans dix mille ans !

(Long silence)

7.

Mine se relève puis s'assied en poussant un jingle T.V.

Alex *(décidée à arrêter le jeu)* : ENCORE ?!

Mine *(re-jingle)* : Dix-septième jour.

Alex : Dix-sept ? On est mortes.

Mine : L'attente est insoutenable.

Alex : Ils n'attendent plus. Les salauds, ils nous ont oubliées.

Mine : Personne ne peut encore expliquer ce qui s'est réellement passé.

Alex : Moi, si. J'ai décollé avec une fêlée qui refuse de descendre, c'est tout.

Mine : Où sont Mine et Alex ?

Alex : Il ne faut pas dix-sept jours pour réparer un radar. Laisse-moi dire un flash, tu verras qu'ils nous retrouveront.

Mine : Les bruits les plus fous circulent. On parle de manifestation para-normale.

Alex : Là, qu'est-ce que je disais ? Para-fêlée ! Tu avoues.

Mine : Un spécialiste craint qu'après un si long stress…

Alex : Qui est stressée ?

Mine : …un choc ait provoqué une dégénérescence.

Alex : Une quoi ? Moi j'abandonne, c'est clair !

(Mine commence à s'exprimer par borborygmes et signes)

Mine : [Alex, quel jour sommes-nous ?]

Alex : Ah, d'accord. *(Au public)* Les plombs ont sauté ! Antarès ! C'est trop tard maintenant ! Quand je pense que les copains la croient timide !

Mine : [Toi aussi ?]

Alex : Moi, moins, je te connais trop bien.

Mine : [Pierre]

Alex : Oui, Pierre, Hélène, Saïd, même Thomas, je crois.

Mine : [Timide ?]

Alex : Timide, timide quoi. Si tu veux le savoir, ils disent plutôt "pète-cul".

Mine : AAA… *(Rire)* Tu m'étonnais.

Alex : Mais, faut pas faire attention. Pour eux, moi, je suis "trop".

Mine : "Trop" ?

Alex : Je le sens bien. Quand je m'amuse, je leur casse les oreilles, et quand je m'emmerde, je pèse cinq tonnes, tu vois.

Mine *(elle reprend le jeu)* : [Cinq tonnes.]

Alex *(au public)* : Ça y est, ça lui reprend ! Si elle [continue, on - arrêtez - non pas moi !]

Mine : [Si !]

Alex : [J'aime pas.]

Mine : [J'ai faim, moi.]

Alex : [Faim.]

Mine : [Faim !]

Alex : [Faim !!!]

(Victimes de la dégénérescence, elles se transforment, mi-bêtes, mi-femmes, ne sachant plus sortir que des borborygmes. Elles découvrent le public, se découvrent mutuellement, s'agressent, jouent, ont faim, veulent se dévorer l'une l'autre, puis finissent par se dévorer elles-mêmes)

8.

Alex : J'ai peur, Mine. Je me demande... Tu as vu ? Je me fais peur. Tu crois qu'on va devenir folles ?

Mine : Je ne savais pas que j'étais aussi délicieuse.

Alex : Tu m'écoutes ? Tu crois qu'on va devenir folles ?

Mine : Est-ce que je sais, moi ?

Alex : Si tu ne le sais pas, qui peut le savoir ?

Mine : Qui ? Pourquoi ?

Alex : J'ai envie de savoir, moi. Tu crois que je ne suis pas normale ?

Mine : OUI.

Alex : T'es dégueulasse. Tu es normale, toi, peut-être ?

Mine : Trop !

Alex : J'ignorais qu'il fallait être trop normale pour avoir des idées aussi timbrées que les tiennes.

Mine : Le ballon, c'est toi, non ? Génial, ce voyage en ballon !

Alex : Tu parles ! Tu te rappelles le décollage ? Juste à la fin de la nuit ? ...Tu sais à quoi je pense ?

Mine : Parce que ça aussi, je devrais le savoir ?

Alex : Regarder les étoiles, ça te situe ! Mon grand-père le disait toujours. C'est tellement loin, tellement géant. Des milliards d'années, ça te situe. *(Alex déambule, Mine la suit)* Quand je regarde là-haut...

Mine : Tu adores.

Alex : Je ne pourrais pas m'en passer.

Mine : C'est de l'amour.

Alex : Je veux vivre aussi.

Mine : Je dis : "Pas besoin d'explication !"

Alex : Je dis : "Chuut, écoute".

Mine : Quoi ?

Alex : Le silence.

Mine : Je dis : "Tu me piques mes répliques".

Alex : Un jour, je me tairai !

Mine : Je dis : "Je cherche".

Alex : Je dis : "J'aime les bêtes sauvages !"

Mine : J'ai envie d'aimer, c'est la nature qui veut ça !

Alex : Je sors, ce soir. Ses yeux disent "Amuse-toi bien".

Mine : Je ris si je veux !

Alex : J'aime faire la fête !

Mine : C'est bon de dire des conneries.

Alex : Mine.

Mine : Alex ?

Alex : Je voudrais que ça dure toujours.

Mine : Tu voudrais toujours que tout dure toujours !

Noir

Il n'y a que l'heure qui change ...et encore pas très vite

Il n'y a que l'heure qui change... et encore pas très vite a été créée en 1986 par le Zététique Théâtre avec l'auteur dans le rôle de "Chips".

Une lecture du texte a été organisée lors des RITEJ 93 à Lyon, dans le cadre du focus sur le Théâtre Jeunes Publics en Communauté Française de Belgique.

Les éditions Lansman ont publié une première fois la pièce dans la collection "Tirages légers" en 1993.

1.

Un abri-bus, éclairé par des néons. A l'extérieur, un faible éclairage de rue. Il est près de minuit. "Chips", très décontracté, s'approche de l'abri-bus. A cette heure, il est presque seul dehors. Quelques rares voitures passent très vite. Il porte un sac de sport contenant son équipement de foot : souliers, costume... Il jongle comme un champion avec un ballon imaginaire.

Prends-le... Devant, c'est bon ça ! Avance, shoote... Olé. Allez on est reparti. Là, là... encore ! C'est beau, ça. Et alors ? Il n'y a personne pour reprendre ? Voilà, c'est bon ça !

Le public l'acclame, il a marqué un but. Il reprend son ballon et continue à jongler.

Alors, il arrive ce bus ?

Il cherche la monnaie nécessaire pour payer son trajet. Il joue avec ses pièces.

Pile je marque, face on me remplace... Hop... face. Merde ! Allez pile je marque, face on me remplace... Pile !!

De joie, il relance sa pièce et ne voit pas où elle retombe. Il la cherche, sans succès.

Merde de pile ! C'est pas vrai ! Tu vas voir qu'il va arriver maintenant !

Il prend son sac ; il doit bien lui rester une...

Tu ne vas pas me dire que... J'en avais une... Rien qu'une tune... Allez, viens !

Il vide son sac, trouve enfin une pièce. Il l'embrasse de joie.

Eh là, on ne me la fait pas à moi !

Rapidement il range ses affaires. Au bus, qui n'est toujours pas là :

C'est quand tu veux...

Il regarde "son" paysage, pas gai, gai. Un immense building presque complètement éteint.

Voilà un bel endroit ! *(Au bus)* Ne te presse pas, on n'est pas à une minute. Rien que des buildings. Le monstre du Loch Ness sorti des eaux.

Il tend un arc imaginaire, vise le building et, d'une flèche, le touche en plein front. Il est très satisfait de sa réussite.

(Comme s'il était interviewé par la presse) Oui, on s'y attendait, on devait gagner ! Nous, c'est toujours comme ça, c'est quand on joue contre les plus forts qu'on joue le mieux. Là, on se défonce ! Contre les petits, on n'est pas aussi motivé. Mais là c'était... *(Il mange des cacahuètes qu'il a trouvées dans sa poche)* Ma sélection ? C'est vrai que je ne m'y attendais pas vraiment. Mais c'est... heu... l'entraîneur m'a fait confiance, quoi ! Je le connais... on se connaît depuis des années. On s'entend bien. Lui, il sait parfaitement de quoi je suis capable. D'ailleurs, quand il m'a lancé à dix minutes de la fin, pour l'équipe, c'était le tout pour le tout : fallait qu'on fonce ! Le public est terrible. Ouais, mais notre défense est solide, hein ? Et puis, l'entraîneur les avait bien observés, il connaissait plein de trucs sur eux. C'est ça l'important : quand on connaît les faiblesses des autres, c'est plus facile... Il suffit de faire ce que l'entraîneur dit. Si nous, on est cohérent, qu'on joue tous ensemble, c'est comme ça... on gagne. D'accord, on a perdu des points contre les petits, mais ce sont des bévues, quoi ! Si on voulait, on n'en ferait qu'une bouchée et puis voilà...

Il scrute l'horizon. Rien ! Il cherche quelque chose à faire, revient à l'abri, aperçoit son image dans une des vitres, se coiffe rapidement des doigts, saisit un vieux journal qui traîne sur le banc de l'abri.

Qu'est-ce que tu racontes, toi ? *(Il tourne rapidement les pages)* Il n'y a pas d'horoscope là-dedans ? C'est important. Faut savoir ce que tu vas devenir demain ; alors... Mais où tu es, toi ? Ah, voilà !

Il dépose le journal sur le sol, s'agenouille sur celui-ci.

"WEEK-END DE REPOS. SOYEZ RÉCEPTIF AUX AUTRES, BONNES NOUVELLES EN PERSPECTIVE". Voilà, c'est tout moi ça ! Voyons... "AMOUR : SOYEZ PRUDENT, VOUS CONNAÎTREZ UN CIEL PLUS FAVORABLE". Favorable, favorable, si tu n'as que ça à dire, ferme-la.

Il replie le journal, le repose sur le banc.

Pour ma mère aussi, c'était toujours "favorable". *(En déambulant en équilibre sur la bordure du trottoir, il imite sa mère)* "Fais bien attention, et reste à l'école. Une carrière de footballeur, ça ne dure pas longtemps". Je le sais bien, moi. D'ailleurs, ça se dessine : dimanche, en équipe première, puis l'équipe nationale, hop ! De toute façon, un footballeur qui finit, ça ne pourrit pas longtemps ! Ils sont tous en train d'ouvrir des commerces, ou bien ils vont réussir en Espagne. Moi, je ne comprends pas bien ça. Le public c'est... tu te sens emporté, quoi ! Tu entends quelque chose qui vient des tribunes. Tu es là au bord du terrain et c'est... heu... comme une énorme vague, quoi ! Tu arrives, tu cours sur le terrain et splach... Tu touches le ballon, tu cries à l'autre de se démarquer : splach... Ou bien tu es tout seul devant, face au goal, tu cours, il n'y a plus que le gardien et toi. Tu ne peux plus reculer, tu sens la vague qui te pousse dans le dos et... smak... Ça c'est mon premier goal !

Un regard dans la direction du bus, un autre sur le building... Il aperçoit un gosse qui joue sur son balcon.

Qu'est-ce que tu fais là, toi ? Tu joues ! Faut pas avoir le vertige pour jouer là-haut. Et comme ça, tu ne vas pas dormir. Tu n'aimes pas ça. Et la T.V. non plus tu n'aimes pas ? Ah, il n'y en a pas chez toi... Et tu comptes rester là, alors ? Dis, c'est pas ton père qui arrive là ? Bonjour monsieur. Et, oui... Allez salut, oui bonne nuit. Salut !

Toujours rien ! Seul, dans ce trou noir, que faire ? S'asseoir, marcher ? En retournant vers le banc, il croise son reflet dans une vitre de l'abri.

Salut ! Tu viens d'arriver ? Je ne t'ai pas vu venir. Moi ? Oh, il y a déjà un petit temps que je suis là... C'est le troisième que je laisse passer... Je ne sais pas si je le prends, j'hésite... Je le prends, je ne le prends pas ? Je ne sais pas... Non, je trouve qu'on est bien ici : à l'abri des courants d'air, l'électricité à l'oeil, de la compagnie... Mais viens, pars pas, il y a de la place pour plus de monde qu'on ne le croit ici. Tu veux une canette ? Et comment ! J'ai toujours de la bière au frigo, moi ! *(Il va chercher une canette dans son sac. Un coup d'oeil au bus, rien)* Allez, à nous. *(Un coup d'oeil au building en décapsulant sa bière)* Three, two, one, zero...

Il fait mine de lancer sa "grenade" sur le building en poussant un terrible bruit d'explosion et admire le résultat... mais le building est toujours là. Alors que le bus, lui, le laisse irrémédiablement seul dans ce désert. Il s'assied et continue à parler à son reflet.

Dis donc, c'est drôlement bien chez toi. C'est toi qui as tout arrangé ? Ça, c'est fameux, impeccable. *(Visant le siège de l'abri-bus)* Et ça ? Où l'as-tu trouvé ? Il y a des années que j'en cherche un pareil. La vue que tu as, dis... imprenable ! Hé, y'a du monde ici. C'est toi qui as invité tous ces gens ? Beau monde ! La prochaine fois, préviens-moi... je ne suis même pas rentré pour me changer. J'ai l'air de quoi ici ?

Il sort de l'abri, prudemment, pour ne pas déranger. Il se glisse à travers la foule des invités

Bonjour, oh pardon, excusez-moi... heu oui, je... pardon, allez-y, heu... vous dansez ? Non ? Ah bon ! Et vous ? Oui ?... Ah. *(Il entreprend un tango et l'interrompt dans un renversement)* Vous préférez le rock ? Oui, moi aussi, j'adore ça ! On se fait un petit rock ?

De figure en figure, il s'emballe dans son rock endiablé. De mouvements en mouvements, toujours plus complexes, il perd sa cavalière, la retrouve, puis perd le contrôle de ses gestes : sa danseuse virevolte à la vitesse d'un avion de chasse. Il se retrouve couché sur le trottoir. Revenu à lui, il s'inquiète de son état, puis de son entourage. Personne ne semble l'avoir vu.

Aaahhh... *(Il s'écroule, mort, sur le trottoir. Un coup d'oeil au building. Il se redresse)* Et voilà... tu vois, tu pourrais crever ici ! Il n'y en a pas un qui bougerait !

Il se relève, dépoussière les jambes de son pantalon et se met à jouer une série de rôles.

- La dame : Ah, Victor, viens voir, il y a un corps sur le trottoir !
- Le mari : Viens ici, toi. Occupe-toi de ce qui te regarde. Et ferme les tentures, seulement.

(Au bus) Dis, je ne suis pas ici pour passer l'hiver, moi ! Déjà que l'autre tire la gueule !

- Lui : Et quoi, prends un verre pour moi.
- La fille : Non. Je suis venue boire un verre tranquillement...
- Lui : Ah, bon, boire un verre tranquillement ! Tu n'aimes pas le foot, toi ? Qu'est-ce que tu aimes, alors ?
- La fille : Oh, laissez-moi...
- Lui : Bon, ça va, je comprends vite, faut pas m'expliquer longtemps... Conne, va ! Toutes des connes ici... Je me demande parfois pourquoi j'y viens encore. Ouais, toi aussi, c'est pareil !
- Le copain : Quoi ? Dis donc, tu parles à ma femme, là. O.K. ?
- Lui : Qu'est-ce qu'elle a de plus, ta femme ? Elle est pareille...

Il se bat avec son reflet dans la vitre et reçoit du copain imaginaire des coups de poing violents.

- Lui : Ouf toi ! Ça ne va pas ? Tu es dégueulasse...
- Le copain : Allez, de l'air !
- Lui : Aïe eh, tu es malade ou quoi ? Garde-la, ta femme. Je n'en veux pas, moi...
- Le copain : Allez, taille-toi maintenant, de l'air. Taille-toi, j'te dis...
- Lui (*recevant une nouvelle raclée*) : Et, tu es vraiment malade... Cogner sur un copain, c'est... ! *(Montrant la jambe de son pantalon déchirée)* Je n'ai pas dix-sept frocs moi. *(S'écartant)* Garde-la, ta femme. On me paierait que je ne la voudrais pas. "Ma femme, ma femme..." Pauvre type !

Il s'assied, se relève, appelle le bus qui n'arrive toujours pas, se rassied. Le temps passe. Il se met à imiter un petit vieux.

Et oui, m'fi. Va y avoir vingt ans que je suis là. Il y a vingt ans, je voulais partir chercher de l'or, tu vois ? Alors, j'ai tout revendu. Tous mes meubles : mon lit, ma cuisine... Même ma douche, je l'ai revendue. J'ai pris mon barda et suis parti. Tout était prévu : le bus, le train et puis le bateau, pour aller de l'autre côté de la mer... Et je suis toujours là ! Sans une seule pépite... Le pire, ce sont les gens, tu vois ! Je te raconte... Il y a de ça trois ou quatre ans, une femme arrive pour prendre le bus : petit manteau, petit sac... Elle s'est assise sur moi, dis ! Elle m'a confondu avec la banquette ! Moi, le seul chercheur d'or de la Société des Transports Intercommunaux de Liège, dis !

2.

"Chips" commence à s'énerver. Il tourne en rond, fait quelques exercices, s'éloigne en shootant dans des cailloux, revient devant l'abri, près de son sac. Son agacement est à son comble. Il scrute le building avec agressivité. Il voudrait le faire disparaître, ou du moins changer de paysage, être ailleurs. Quelques rares appartements éclairés. Tous ces gens absents l'inquiètent. Soudain, il aperçoit une silhouette : une jeune femme (réelle ou seulement dans l'imagination de "Chips" ?) est appuyée à la balustrade de son balcon, visage calme, absorbée dans ses pensées.

Depuis quand est-elle là ? L'a-t-elle vu ? C'est peut-être le seul être vivant de cet immeuble. Que regarde-t-elle ? Chips tente de se faire voir, d'attirer son attention. Il la salue discrètement, sans succès. Comment l'aborder ? Il a une envie irrésistible de lui parler.

3.

Bonjour... *(Elle l'a vu, il sourit)* Bonjour ! S'il vous plaît ? Vous avez vu passer un bus ? ... Vous n'avez pas vu passer un bus, là, maintenant ? Je ne sais pas... C'est parce que je reviens de l'entraînement. Du foot... juste là à côté... Vous aimez ? Vous n'avez pas froid là-haut ?

Elle est loin, il n'est pas sûr qu'elle comprenne.

Avec le vent... Vous savez, vous êtes la seule à prendre l'air au balcon ! Il n'y a que trois fenêtres éclairées... A part ça... C'est drôle. Il y en a une, on dirait un aquarium. Vert-bleu, avec des plantes. Ça clignote... la lumière de la TV, je crois. Hein ? Comment ? Si je rentre, moi ? Non ! Je vais sûrement sortir. Je ne pourrais pas dormir si tôt. Même si j'essayais, je n'y arriverais pas ! Et vous, vous ne dormez pas ? Quoi ? Ouais, moi aussi j'aime bien la nuit. Souvent, avec des copains, on se balade, on fait des trucs... Enfin les soirs où on n'a pas un match le lendemain. Mais autrement, heu, on fait des tas de trucs au centre-ville et... Vous y allez aussi vous ? Non ? Ah... Oh non, pas rien qu'au centre ! On se balade quoi, on fait des trucs... Un peu partout... la tournée des grands ducs ! Et vous, vous allez où ? Ah oui, je connais. Non, je n'y suis jamais allé, juste le nom. C'est bien ?

C'est marrant, quand on vous voit d'ici... vous n'avez pas l'air de beaucoup vous marrer. Non, je sais bien... *(Coup d'oeil au building)* ce n'est pas... Moi ? Non, de l'autre côté j'habite. Pas dans un building, dans une grosse maison ! C'est chouette, c'est sympa quoi. ... Ah non, seulement dans les mansardes. ... Non, mais il y a toujours plein de gens. Un vrai défilé. Il faut que je déménage d'ailleurs. Je suis allé me renseigner pour louer la salle d'attente de la gare, mais ça ne va pas : c'est un peu petit... Non, je rigole. Mais tous mes copains, quand ils viennent en ville pour une guindaille ou quoi, ils dorment chez moi, deux, trois jours... Comment ? S'ils paient ? Non ils ne paient pas... mais c'est une bonne idée ça. S'ils payaient, moi je serais... ton building-là, hop in the pocket : j'achète ! Mais non, ils restent deux ou trois jours et... quand le frigo est vide, ben... ils se taillent chez leur mère. Et même pis. Tiens, un jour, je veux rentrer chez moi. Je monte, je pousse la porte... Le copain, dis... il avait ramené une fille ! Mais il me regarde et il fait : "Heu... ah, c'est toi !" "Ben oui, c'est moi." "Heu, tu ne veux pas... heu... un petit peu, quoi". "Ben... oui". Je suis sorti ! Je me suis retrouvé dehors, sur mon palier ! T'imagines ma tête ! Enfin, c'est normal. Où veux-tu qu'ils aillent ? Tu les vois dans un abri de bus.

4.

Il se détourne et, à tout hasard, jette un coup d'oeil en direction du bus. Surpris, il en voit un arriver au loin. Presque à regret, il reprend son sac.

Bon, ben voilà mon bus... Ben oui... mais on se retrouvera, pas vrai ? Ce n'est pas très grand ici. Et maintenant, je sais où vous retrouver.

Un regard au bus. Il arrive et tourne avant d'atteindre l'abri.

Eh, ce n'est pas le mien ! Attends, tu peux rester, ce n'est pas le mien. Ça m'aurait étonné aussi d'ailleurs ! Heu... je ne vous ennuie pas ? Parce que moi... *(Il fait mine d'être d'accord de stopper la conversation. Un temps)*

C'est marrant, en regardant d'ici, avec tout le noir autour, on dirait vraiment une case de B.D. Juste comme ça, voilà, faut plus bouger. Avec la petite lumière là, c'est vraiment chouette. Oui, j'aime bien... Ça a l'air bien chez vous ! C'est comment : c'est moderne ou c'est normal ? ...

Tiens... euh... je pensais que... Depuis que je vous regarde là, je me demande... Oui, depuis tout à l'heure, je me dis que... Martine, ça vous irait bien. ... C'est pas ça ? Ah bon... Dommage ! Moi ? Oh moi, j'ai tous les noms. Les copains m'appellent "Chips". Faut dire que j'en ai bouffé des kilos, hein ! Quoi ? *(Plus fort)* J'en ai bouffé des kilos. Au début, quand j'habitais seul en ville... heu... je n'avais pas tout pour cuisiner. Alors, je bouffais des chips, des saucisses : des trucs qui vont vite quoi ! "Chips" ... c'est con, hein ! Mais en même temps, c'est marrant ! ... Et vous, si c'est pas Martine, c'est comment ? Allez hein... Non ? ... Bon, moi je vous appelle Princesse alors. Ça va ça ? C'est bon ça, Princesse... "Princesse"...

Il se perd dans ses rêves... et oublie la jeune femme. Il s'en rend soudain compte et cherche ses mots. Il ne faut pas qu'elle rentre et ferme la fenêtre.

Ben, euh… Ça va ? Moi, je me sens bien ! Evidemment, il ferait un peu plus chaud que… Alors, c'est votre cuisine là ?

Il ne sait plus que dire. Il fouille ses poches et trouve une petite trompette de supporter. Il la sort, s'en sert comme longue vue.

Eh les gars, elle est là, la Princesse ! Allez, on y va… Tayaut… ! *(Comme un chevalier, à la tête de sa troupe, il galope, déchaîné… Il s'arrête brusquement)* C'est con… je ne peux même pas vous voir : c'est bouché… Juste une trompette pour aller au foot… *(Il claironne pour lui montrer)* Chouette, non ? Quand il y en a dix mille, vingt mille… l'ambiance, je ne vous dis pas ! … Quoi ? Comment ? … Mais non, ils dorment, ils se foutent des boules dans les oreilles, ces gens-là… Non ? Pas tous ? Ah bon !

Il range sa trompette, pas très convaincu.

Vous n'avez pas envie d'aller promener, vous ? Je vous emmerde, hein ? Ouais, je sais, je parle toujours trop. Les autres me l'ont déjà dit.

Long silence, du moins pour "Chips".

5.

Demain, j'ai quartier libre… Pas d'entraînement, pas de match, rien. Je vais pouvoir dormir, j'aime bien… Et vous ? C'est samedi demain… On ne va pas au boulot, le samedi ! … Si ? Ah, bon ! … Là où on fait des cigares ? C'est bien, ça… C'est vous qui les faites ? Moi ? Beurk… Non, je n'aime pas le cigare. C'est… heu… ça laisse un mauvais goût dans la bouche, *(plus fort)* ça fout une haleine dégueulasse et… heu… les filles n'aiment pas… *(Il rit)* Vous riez aussi ? Ah bon ? Vous êtes un peu loin… Je…

C'est beau ce que vous voyez de là ? *(Plus fort)* C'est beau ce que vous voyez ? Ah non, chez moi, ce n'est pas pareil parce que… heu… je ne vois pas vers le bas. Même quand je regarde par la fenêtre du toit, je ne vois pas vers le bas. Mais c'est bien quand même, hein. Je vois les chats, les pigeons, les lumières… C'est chouette, mais ce n'est pas pareil, quoi ! … Ce que je voudrais, un jour, c'est voir tout en même temps… Tu imagines ? Un échangeur d'autoroute avec les bagnoles qui foncent dans tous les sens.

Il accompagne sa description de . grands signes et d'onomatopées.

Et puis… le centre-ville à l'heure de pointe, les trottoirs avec tous les gens qui courent… et, perdu au milieu de tout ça, un mec planté sur sa moissonneuse-batteuse… Il coupe ses blés, lui ; il ne se rend pas compte. Et puis… un train plein de bagnoles, des bagnoles, encore des bagnoles, et un petit homme payé pour faire des retouches de peinture aux carosseries pendant le trajet… Et des montagnes ! On les creuse pour faire des routes. Tu as déjà vu, en Amérique ? On fait sauter des morceaux de montagne à la dynamite. Et bang ! Alors, tu t'amènes avec ton bull ; mais attention, un bull comme ils en ont là-bas, hein, une bête quoi… avec, tu sais, le pot d'échappement sur le côté, chromé, impeccable et tout. Tu t'amènes, et tu sens que… et bong ! Le bazar quoi !

Il s'emporte dans sa description et reste à rêver sur l'image du bulldozer.

Comment ? Rien à voir avec les toits ? Non, mais c'est bien, quand même… Tu sais, chez moi, il y a trois chats… Ils ne sont pas à moi. Ils vont et viennent, comme les copains ! Ils rentrent, ils sortent, ils viennent voir s'il y a à bouffer ; et si pas, ils se taillent… Oh, tu imagines, si j'avais des pigeons, j'en aurais amené un avec moi, caché là, sous ma veste et… rou rou… hop là ! Je le sors. Tu vois, j'accroche un message à sa patte, et je lui souffle à l'oreille : "Là-bas, le balcon de la Princesse… oui, celui-là… va !" Voilà : il y est… lui. Tu peux lire, maintenant…

Il n'y a pas de pigeon ? Bien sûr… mais c'est marrant, non ? *(Silence)* Tu as aussi des copains qui viennent te voir chez toi ? Pas envie de parler de toi ? O.K. ! *(Silence)* J'aime bien te… J'aime bien vous voir là… Je ne sais pas pourquoi, mais j'aime ça… Ce serait marrant si, chaque fois que vous pensez quelque chose, ping… une bulle sortait avec le texte, là ! Tu imagines ? En rue, chaque fois que quelqu'un pense quelque chose, ping…

une bulle. Ping, ping, ping… Moi, certains jours, je serais noyé dans mes bulles…

Tu imagines ? A un arrêt de bus, par exemple. Un homme, il arrive… le petit chapeau, la mallette et tout. Il s'amène : ping… "Encore les crasses de ces jeunes… Ils passent leur vie à attendre, alors ils salissent tout". Ou un mec qui est là à attendre. Ping… "Oh, celle-là, quel parfum ! Je vais me mettre près d'elle ; si je la touche, c'est pas moi, je dirai qu'on me pousse". Ou moi, un jour comme ça. Ping… "Merde, le contrôleur, je vais encore devoir me payer un ticket, moi, aujourd'hui… Oh non… il a vu ma bulle !" *(En riant)* Ouais, ce serait rigolo, mais il y a des bulles qui seraient lourdes à porter…

Comment ? Si si, j'ai de l'argent, mais… heu… je ne roule pas sur l'or, bien sûr. Je mange, je m'amuse, et quand on me paie un verre, je peux en repayer un… J'ai ce que j'ai, quoi ? Parfois le dimanche, je vais chez ma mère, je mange, j'amène mon linge, je discute avec elle… Non, pas mon père, de toutes façons, mon père, il n'est jamais là le dimanche. Alors elle, elle glande… Elle me le dit souvent, elle aimerait habiter un appartement comme vous, en ville. Comme ça, elle pourrait se promener au parc, dans les rues, se faire un cinéma ! Mais mon père, lui, il a acheté une maison dans sa campagne, et il reste là, planté comme un poireau… Il s'en fout, lui, il connaît plein de gens. Il a son club de foot : un truc de sixième provinciale, troisième régionale Z qui va encore descendre de division s'ils continuent ! Tu parles, à la mi-temps, ils sont à la buvette. A se demander comment ils réussissent à remonter sur le terrain. Ringard, quoi !

Tant que ses gosses étaient là, elle ne disait rien. Mais maintenant, ras-le-bol. Comment ? Oui mais… je ne vais quand même pas me balader avec ma mère en ville ! … Non ce n'est pas ça que je veux dire mais… tu vois ma mère dans les boîtes que je fréquente ? "Salut, tu mettras une chope pour moi ! Et pour Man… qu'est-ce que tu prends ? Une grenadine ? Et une grenadine… !" Ça ne va pas, hein ! Tu vois mes copains arriver… "C'est ta grande soeur ou ta grand-mère ? Dis donc, tu les prends au cercueil, maintenant !"… Mais non, elle n'est pas au cercueil, mais quand même, par rapport à moi. Vous avez une mère vous ? Bien sûr... mais vous dites ça parce qu'elle est loin... Ou votre père : "Allez, chérie, ce soir on sort ensemble". Bien emmerdée, hein !

6.

Il s'arrête brusquement. Son regard cherche quelque chose sur le building.

Vous avez entendu ? Il y a quelqu'un qui a gueulé... Du calme ? Hé... je ne suis pas calme moi ? Je parle avec Madame ! J'ai le droit d'attendre le bus, c'est un lieu public ici. Mais il n'est pas... Il m'énerve, je ne le vois pas... Comment "il est minuit" ? *(Ironique)* Oh là là ! Je vais avoir de ses nouvelles : il va m'écrire une petite carte de voeux, dis. Ils sont sympas dans ton truc. ... Moi ? Oh j'ai le temps moi ! Je ne suis pas vraiment attendu, personne pour m'engueuler... Je suis libre, moi. Libre comme l'air !

Il ôte sa veste, la dépose sur son sac, retrousse ses manches de chemise...

On a déjà fait votre portrait ? Non ? Je vais le faire, moi ! Bien sûr que je sais dessiner. Je dessine depuis... que je suis haut comme ça ! Je n'ai jamais appris, ça vient tout seul. Je dessine partout... *(Regardant autour de lui)* Hm ! Je vous fais ça où ? Là, ça va ?

Il sort un gros feutre et se met à dessiner sur la vitre de l'abribus.

Allez, d'abord le visage... Hop et voilà ! Les cheveux, et la frange sur le front : zip zip zip, là ! Et les yeux : couleur menthe à l'eau, olé ! Le nez... Vous dites ? ... Ça ? *(Regardant la déchirure qu'il porte au genou du pantalon)* Ben... après l'entraînement, on a voulu retourner sur le terrain. On a dû escalader le grillage... Oui, il y a des grillages, hauts comme ça... pour que les spectateurs n'envahissent pas le terrain après le match. C'est idiot parce qu'ils viennent avec des pinces coupantes : des trucs énormes qu'ils piquent à l'usine. Comment ? ... Oh, ils le font tous. Mon père, il s'est fourni un atelier complet, lui. Tout : étau, pinces...

Même sa brouette, il l'a piquée... Parfois il rentre : "Nom de dieu : chômage technique toute la semaine. Mais qu'est-ce qu'ils foutent avec leur pognon ?" *(Il rit)* S'ils font tous comme lui, ça doit coûter cher, hein ! ... Attends, bouge pas, j'ai presque fini... Hop là ! Voilà : cadeau !

De nouveau, il a entendu crier. Mais cette fois, il voit.

Revoilà votre frère jumeau... Non, vous ne pouvez pas le voir, il est là, de l'autre côté... Attendez. *(Il croise les bras et se plante en direction de l'appartement de l'homme)*

Comment ça ? Qu'est-ce qu'il y a à comprendre ? Foutez-moi la paix, je parle avec Madame. ... Mais oui, c'est ça, appelle-les les flics. C'est ça, amène-les ! Quoi, tu veux dormir ? Est-ce que je vais dormir moi ? ... Sors donc ! Va t'amuser avec ta femme. ... Dormir, fermer sa gueule ? Non mais... Pourquoi je fermerais ma gueule, moi !

Il revient face à la jeune dame, visiblement satisfait de sa petite démonstration.

Comment il est ? La cinquantaine, et plus un poil sur le caillou ! Quoi ? Attends, je vais voir... Oui, il est avec quelqu'un. *(Plus fort)* Il est avec quelqu'un ! *(A l'homme)* Eh ! C'est encore moi. Oui... Mais non d'accord ! A minuit, il n'y a plus de bus, je fais du stop. *(A la femme)* Ça va, il est rentré... Il a éteint !

Il scrute l'horizon, voit une voiture, tente de l'arrêter en levant le pouce. Elle passe. Il shoote sur des cailloux, sur les montants de l'abri-bus. Il tourne de nouveau en rond, essayant de retenir l'attention de la jeune dame à qui il ne sait plus que dire. Il se jette tout-à-coup à genoux comme Roméo aux pieds de sa bien-aimée.

Dommage que je n'aie pas de guitare. J'aurais pu vous jouer la sérénade...

Il se met à jouer en imitant le son, comme un guitariste argentin sous le balcon d'une princesse romantique.

Tu imagines un gars qui ferait la sérénade avec une contrebasse. Tu aimes la musique, toi ? Moi, j'adore !

Il passe d'un instrument à l'autre : flûte, violon, timbales, trompette, batterie... Il est perdu dans son rêve musical. Lentement, comme un prestidigitateur, il saisit sa veste, en retourne les manches et la revêt. La doublure est d'une couleur très contrastée. Il chante)

Princesse inconnue du balcon,
On va aller se promener.
Princesse inconnue du balcon,
On va faire un grand voyage.
Princesse inconnue du balcon,
On va se tailler à l'étranger, Olé !

Au Brésil ! Ça, ce serait chouette... A Rio, au carnaval de Rio... Danser, dormir, boire, danser, dormir, boire pendant des jours et des jours... On y va ? Allez... *(Il reprend son sac)* On est parti. *(A un guichet imaginaire)* Bonjour... deux tickets pour Rio, s'il vous plaît. Merci ! *(Il fourre les tickets dans sa poche puis va s'asseoir sur le banc, comme dans un avion)* On est parti... Allez, viens... Hop !

Il attend un moment, presque figé, puis retombe dans la réalité. Il scrute à nouveau dans la direction du bus.

O.K., pas d'avion. Si le bus ne vient pas, on ne peut même pas aller jusqu'à la gare ! Tu n'avais pas pensé à ça, toi, hein ? Mais moi bien ! Ce n'est rien ! ... J'ai une idée. Je peux aller chez toi, si tu veux. Je te ferai un carnaval, juste pour toi. Regarde ! Je traverse cette rue au péril de ma vie. Là, je saute la barrière, je passe le tunnel, j'escalade le mur... et hop ! je suis là. Tu m'ouvres, je prends l'ascenseur... Dis, c'est fléché dans ton truc là ? Tu imagines... ce serait con que je me perde !

7.

Girophare bleu. Une camionnette de gendarmerie s'arrête un peu plus loin. Il vérifie qu'il n'a pas oublié ses papiers. Discrètement, il recule derrière l'abri-bus. Il parle bas.

Tu as vu ça ? Il a appelé les flics. C'est dégueulasse ! *(Il épie les mouvements. La camionnette s'éloigne)* Ils se taillent... ce n'était pas pour moi. Heureusement, parce que je ne peux pas les piffer, ceux-là. Moi, quand je parle à un flic, je n'ai qu'une envie... *(Il frappe du poing, comme pour assommer son interlocuteur)* Rien qu'à l'idée qu'un jour, je... C'est pas possible, quoi ! Tu te balades tranquillement et... Moi, ça m'est arrivé mille fois... Tu te balades, comme ça, en rue... Ils arrivent ! T'imagines, hein ? "Qu'est-ce que vous foutez là, vous ?" "Je me balade..." "Ah oui ? Vous avez vos papiers ?" "Heu... oui !" "Ah oui ?" De la merde que tu es quand ils te parlent ! Avant, j'avais les cheveux coupés comme ça. C'était chouette ! Tous les jours, je me les tapais.

Il continue de râler, pour lui seul.

Comment ? ... Tu ne m'entends plus ? Hé... Comme ça, je peux dire ce que je veux, tu ne comprends pas.

Il commence très bas à lui faire une déclaration d'amour qu'elle ne peut pas entendre. Il réussit à la faire sourire. Il jubile.

Ça y est, c'est fait... Tu as souri ! Don Juan a dit... ou peut-être Casanova ? Oui, Casanova a dit : "Si tu parviens à faire rire une femme, c'est déjà trente pour cent de gagné". ... Comment ? *(Il se rend compte de ce qu'il vient de dire)* Heu... Non, je ne voulais pas dire ça. C'est... heu... c'est parti tout seul... Vous n'avez pas bien compris ? Tant mieux, on efface. On est repartis...

Rio, tu te rappelles ? O.K. on est arrivés... Je suis à une terrasse de Rio ; tu es sur un balcon de Rio. Il fait chaud, je suis en train de déguster une téquilla : un peu de citron, un peu de sel et hop téquilla ! Là-bas, au-dessus de la rue, il y a quelque chose qui bouge... une masse d'eau qui monte, et qui dévale la rue... Une énorme masse d'eau qui monte et monte sans arrêt... Rien ne peut l'arrêter, elle emporte tout ! Elle monte jusqu'à ton appartement et retombe en cascade jusqu'ici. Et toi, tu sautes sur un radeau et tu arrives. Je t'attrape et hop voilà, tu es là... Qu'est-ce que tu bois ?

Tu vois : quand on veut, on peut ! Vous, vous lisez trop de gazettes ! Quand on lit les journaux, on a des idées noires ! Faut s'amuser quoi : danser, rire, aller au carnaval de Rio ! Tiens, regarde les reportages dans les gazettes : "Carnaval de Rio - quatre morts". Alors on dit : "Là-bas, on se tue !" Et ici, on ne se tue pas peut-être ? A Rio, au moins, on danse, on prend son pied quoi ! Ici...

Il se rend compte qu'il hurle...

Bon, ça va, c'est fini ! ... Mais c'est vrai. Pourquoi restes-tu plantée là ? On pourrait sortir, aller à la mer, se changer un peu les idées, quoi... aller voir des copains... Tu as une bagnole ? ... Non ! Mais j'en aurai une... bientôt ! Promis ! Dès que je travaille, je m'achète une bagnole... Si si, je travaille déjà. Mais... euh... je veux dire... un boulot qui sera mieux, quoi. A ce moment-là, tout sera plus facile ! Il y en aura plus qu'un de nous deux qui travaillera. Par exemple... moi. Alors, on choisit une maison, là où on a envie d'aller tous les deux, à la campagne ou à la ville, et on l'achète. ... Ben, déjà avec l'argent que tu as, et puis moi avec ce que j'ai... Tu verras, je peux faire plein de trucs : j'ai appris à bricoler et...

Je ne sais pas, moi. C'est con, non ? Je suis là, dans ma piaule, j'aime bien, O.K., c'est sympa. Et toi, t'es là... On pourrait... Oui, je sais bien, ce n'est pas sûr. Mais déjà, quand on se sent... heu... moi je suis sûr !

Qu'est-ce que tu veux ? Ma carte d'identité ? Qu'est-ce qu'il y a là-dessus ? Mon nom ? Mon adresse ? Mais elle n'est plus valable puisqu'on va habiter ensemble... Ma date de naissance ? Quel âge j'ai ? Devine... Allez... 22, 23 ? Entre 19 et 24. Ah, tu vois, tu ne fais même pas la différence entre 19 et 24. O.K., 22, mais de toute façon...

Hé, mais attends ! De toute façon, je n'ai plus de bus. S'il te plaît, ne rentre pas. On a toute la nuit... et tu me l'as dit : tu aimes la nuit. Alors... C'est ça, prends une chaise ou un tabouret. ... Je vais avoir du boulot, du bon hein ! J'ai rencontré le gars une première fois, et je dois le revoir la semaine prochaine au journal. Aucun problème. Ce gars-là, il y a vingt ans qu'il travaille pour ce journal, il est superconnu, et tout. Je lui ai montré ce que j'avais dessiné et il m'a dit : "Si les autres trouvent que c'est valable, on te les achète !" Tu imagines ? Mes dessins dans le journal ! Alors après, c'est l'album à coup sûr. Regarde les mecs… Celui qui dessine le chat, par exemple… il s'amuse, il travaille tous les jours, tac tac tac et puis hop… un album ! C'est facile.

8.

Alors, finis les cigares ! Je les fous en l'air, tes cigares. Je les brûle comme des cierges, au milieu de la table. Je ne fume pas moi, je joue au foot. Ouais, je sais bien, tu n'aimes pas le foot ! Ce n'est pas grave… Moi, c'est le foot, toi, tu fais autre chose… Tu verras, j'ai plein de copains. On peut s'installer au fin fond d'un bois, il y en aura toujours quelques-uns chez nous. Normal : tous mes potes vivent encore chez leurs vieux. Alors dès que quelqu'un a une piaule, ils se jettent tous dessus. C'est certain, avec moi tu ne vas pas t'ennuyer. Je te raconte… Un jour, on a fait le marché pour préparer une guindaille. On a acheté des sardines et tout ce qu'il faut : huile, farine, friture… Plus on mangeait les sardines, plus on avait soif… Un copain a trouvé des tubes blancs pour passer les fils électriques… de vraies sarbacanes. Alors tu imagines… On poussait les têtes de sardines dans les tubes et… tfff, tfff, tfff… Toutes les corniches étaient couvertes de sardines. Ça a miaulé toute la nuit… Tu vois d'ici la tête des voisins ?

Comment ? Bien sûr, ce n'est pas intelligent, je sais ! Je n'ai jamais dit que mes copains étaient intelligents. Mais c'est pour se marrer quoi ! Ah bon, ça ne te fait pas marrer ? Tu ne peux pas rester là, toute triste ! Attends, bouge pas, je vais venir te chercher, moi.

Il s'accroche aux barres métalliques du toit de l'abri et, comme Tarzan et ses lianes, il se balance pour sauter.

Aaahhouah ! Moi Tarzan, toi Jane. Viens Jane, je t'emmène !

Il retombe mais reste accroché d'une main.

Il faut vraiment que tu viennes… Je suis accroché, viens m'aider… ou je meurs ici ! Tu imagines… pour les siècles des siècles ! On viendra me visiter, moi, Chips, première stalactite humaine : "Il a refusé de partir sans sa Princesse".

9.

Il la regarde en riant... mais son sourire se fige, comme s'il la voyait enjamber lentement la balustrade du balcon.

Eh, qu'est-ce que tu fais ? Pas par là, dis... prends l'ascenseur de l'autre côté. Ne... Mais arrête de déconner, c'est dangereux. Tu vas lâcher. Allez, remonte, je te dis ! Qu'est-ce que tu cherches ? Tu veux me foutre la trouille, c'est ça ? O.K. alors, c'est fait. Allez... remonte... rem...

Elle tombe. Il se cache les yeux. Lentement, il relève la tête, essaie de l'apercevoir, regarde son balcon.

C'est pas vrai... Mais c'est pas vrai... C'est complètement dingue ! Qu'est-ce qui lui a pris ?

Il se frotte les yeux, regarde dans la direction du bus, se regarde dans la vitre, se gifle pour retrouver ses esprits.

Pourquoi j'invente toujours des histoires pareilles, moi ? Chaque fois que je suis amoureux, faut que j'imagine que je suis mort ou que ce sont les autres qui...

Il regarde désespérément le balcon. Silence.

Noir

One, Two

Cette scène a été écrite pour deux rôles masculins. Mais les personnages peuvent tout aussi bien être deux femmes ou adolescentes, ou encore un couple mixte. Les changements nécessaires ne sont que d'ordre grammatical. Par ailleurs, j'ai volontairement donné peu de renseignements par les didascalies. L'interprétation en reste plus ouverte. En ce qui concerne le lieu, le statut des personnages (à inventer) et les actions (il est souhaitable qu'il s'en trouve), une grande place est laissée à l'imagination de chacun. Un seul souhait : la fidélité des interprètes en ce qui concerne les adresses des interlocuteurs au public. Bon amusement !

Luc Dumont

Cette courte scène (dix minutes) résulte d'une commande pour le concours "Scènes à deux" organisé par l'Asbl Promotion Théâtre, les Provinces de Hainaut, Liège, Luxembourg et Namur, le Théâtre de la Cornue et le Théâtre National de la Communauté Française de Belgique. Elle a été interprétée, de manières fort divergentes, plus de cinquante fois par des jeunes de 12 à 18 ans, de mars à mai 1996.

One et Two entrent en marchant au pas. Quels que soient leur statut, leur tenue vestimentaire et les objets qu'ils portent, ils ne sont pas des plus frais et semblent fort fatigués. Two reste légèrement à la traîne de son compagnon.

Two : One !

One : Two !

Two : One...

One : Two...

Two *(dans un profond soupir)* : PFFFFT !

One : Un coup de pompe ?

Two : La pression à zéro !

One : Si tu t'arrêtes, tu ne pourras pas repartir. On ne doit plus être très loin.

Two : Sans blague ! Et d'où te vient cette idée ?

One : Mon intuition.

Two : Son intuition ? Il a dit : "son intuition" ! ... Je te tords le cou tout de suite ou tu as une dernière volonté ?

One : Comment ?

Two : Il y a trois jours qu'on marche. Trois jours qu'on "ne doit plus être très loin". Je ne sais toujours pas où tu vas. J'ai la plante des pieds en sang, l'estomac...

One : ...dans les talons !

Two : Je déteste ton humour. Je n'ai plus de talons !!! Et tout ce que tu as à me servir, c'est ton intuition. Me diras-tu enfin où nous allons ?

One : ... Si je te réponds, il n'y aura plus de surprise...

Two : Je m'en fous, je veux savoir ! Marcher dans le vide me rend dingue.

One : Comment veux-tu que je sache où je vais ? Dans la minute qui suit, je serai peut-être mort, la foudre me sera tombée dessus.

Two : C'est très possible, oui !

One : Tout ce que je sais, c'est que je suis avec toi et que nous ne devons pas nous arrêter ici. C'est simple après tout.

Pourquoi nous fatiguer avec des questions inutiles ?... Tu es très terre à terre au bout du compte !

Two : Moi ? *(A part)* Ce spécimen est inimaginable. Il est la preuve vivante que la réalité dépasse la fiction. Si je le tuais, je pourrais vendre son corps à un musée. Dans un bocal de formol... Enfin, il serait utile !

(Two étale une sorte de couverture au sol et s'y couche)

One : Tu vas refroidir.

Two : Je n'aurais jamais dû t'écouter. Et encore moins te suivre.

One : Au contraire... Sans moi, tu ne serais plus qu'une énorme baudruche bleutée, flottant à la dérive sur l'eau puante du canal. *(Au public)* Je vous présente l'ingratitude personnalisée.

Two : Qu'est-ce qu'il chante là ? *(Au public)* Je m'offrais une sieste de rêve, comme je les aime, au bord du canal. Le moteur ronronnant des péniches au ventre plein me berçait langoureusement. Cet ahuri arrive en bolide : il hurle, à cracher ses poumons, et m'emmène, illico, je n'sais où ! ... Et après trois jours de marche, "monsieur" me trouve terre à terre !

One : Quand je suis arrivé...

Two : Avant de bouger, je veux savoir où l'on va ! *(Feint de s'endormir)*

One : Je veux savoir, je veux savoir... *(Au public)* Et moi donc ! Mais je n'en ai aucune espèce d'idée. Je n'aurais jamais dû m'occuper de lui. Il se serait noyé, c'est tout. Mais c'était plus fort que moi. Si vous l'aviez vu rampant sur la berge du canal, livide. Sa tête pendait déjà au ras de l'eau, prête à... Prête à tout ! Je ne pouvais pas l'abandonner là : j'ai un coeur, moi ! Je l'ai appâté avec une surprise. Il est plus curieux qu'une bigote ; il a mordu au premier lancer et je l'ai ferré comme un jeune brochet. Depuis, je marche sans oser m'arrêter... Il me faut cette idée. Plus on marche, plus il me faut une surprise géniale... et moins je la trouve. Si je le lui avoue maintenant... Non, c'est impossible, il me tuerait. *(Silence pensif)*

Two : One ?

One : Two ?

Two : Tu parles seul.

One : Oui, souvent. *(Au public)* Je me suis chargé une brute épaisse sur les épaules. En fait, il m'a toujours fait peur.

Two *(au public)* : Ce type est un piège vivant. Et un froussard né !

One : Two... Si j'étais en danger, tu m'aiderais ? Tu me défendrais ?

Two *(au public)* : Qu'est-ce que je vous disais ? *(A One)* Je t'ai déjà trop souvent défendu.

One : Tu as raison.

Two : Tu es le seul être au monde qui réussirait à se noyer dans le désert.

One *(au public)* : Me voilà noyé. Type de projection classique...

Two : Comment ?

One : Je disais que si je ne t'avais pas rencontré...

Two : Tu serais estropié.

One : Tu as raison.

Two : Ou aveugle !

One : Tu as raison.

Two : Ou mort...

One : Tu as raison.

Two : ... Tu es malade ?

One : Tu as raison... Heu, comment ? Malade ? Pourquoi ? Non.

Two : C'est la première fois que tu admets que je t'ai sauvé.

One : Tu as raison.

Two : Tu me cherches ?

One : Je t'ai trouvé.

Two : Tu m'agaces.

One : Tu sais... tu es très chouette... Comme ami, je veux dire. Tu es un frère pour moi, un père, un double ! Toi qui, en n'importe quelle circonstance, me défendrais...

Two : Stop, One ! Qu'est-ce que tu mijotes ?

One : Une seconde. *(Au public, en fouillant son sac ou ses poches)* J'ai mon idée. Si je la retrouve ! *(Il retourne tout de fond en comble)* Elle est là. Elle DOIT être là !

(Two s'impatiente. Il chantonne pour se calmer. One s'en aperçoit et s'énerve. Il devient maladroit, sourit, chantonne à son tour, et..)

One : Je suis sûr pourtant de l'avoir rangé dans ce brol... de brol... de brol...

Two : Que cherches-tu ?

One : Si je ne sais pas où je vais, comment saurais-je ce que je cherche ?

Two : Ne joue pas avec mes pieds, S'IL TE PLAÎT !!! Qu'est-ce que c'est ?

(One sort un objet et, fièrement, s'approche de Two)

One : C'est un couteau. Mais offrir un couteau, c'est couper l'amitié. Si tu avais ne fut-ce qu'un franc...

Two : Tu veux de l'argent ? Mon argent ?

One : Ne te fâche pas ! *(Au public)* Il est fâché, je sens très vite ce genre de chose. Il y a urgence. Une idée, vite, une bonne idée, peu importe son prix. ... Pourquoi vend-t-on des poupées qui pleurent et qui pissent, des poissons nains des îles Comores... et pas une seule idée, même surgelée ?

Two : C'est dément. Tu es le plus taré des tarés que je connaisse, et j'en connais une foule ! Je vais te tuer. Donne-moi ton couteau.

One : Non.

Two : Ah non ! Et pourquoi ?

One : Je t'ai sauvé la vie ! Sans moi, tu aurais plongé. Je t'ai empêché de te suicider.

Two : M'empêcher de quoi ?

One : De te jeter dans le canal.

Two : Moi, dans le canal... Ne plus jamais entendre descendre les péniches jusqu'à l'écluse ? Ne plus voir l'eau élever ces panses pleines de charbon ou de sable ? Mais d'où tiens-tu cette idée ?

One : Une idée ? Ah... Je ne sais pas. Je l'ai trouvée en passant.

Two : Encore ton humour ! Je t'arrache la langue si…

One : Attention ! Tu as promis de me défendre si j'étais en danger !

Two : Et alors ?

One : Et bien… je suis en danger !

Two : Mais c'est moi qui te menace !

One : Alors défends-moi !

Two : Je ne peux pas à la fois te défendre et te tuer.

One : Je t'en prie, Two ! Ne te laisse pas me tuer. Tu peux y arriver. Dis-toi que tu dois rester calme…

Two : Mais… je ne peux pas me parler à moi-même !

One *(s'énervant)* : Si, tu le peux ! Dis-lui, à toi, que je dois vivre. Crie : "Ne touche pas à One ; sans lui, plus rien n'a de sens !" Tu sais… tu ne peux plus marcher sans moi.

(One empoigne Two, lutte, le couche, le secoue. Il s'arrête. Two ne bouge plus)

One : Bravo ! Tu as réussi. Je vis. Tu es génial, Two. Viens, on peut rentrer. Two ? Voilà, c'est fini. Viens. OOH ! Ils ont dit une scène de dix minutes, il faut partir. *(Il tente de le faire bouger ; Two est apparemment mort)* Si tu meurs, on en a encore pour un quart d'heure. Je suis désolé, mais je dois y aller, c'est fini. *(Il sort en essayant de marcher au pas)* One, one, one… rien à faire, il manque quelque chose. One, one, one…

(Two se relève et sort à son tour)

Two : Two, two, two… décidément, il manque quelque chose… Two, two, two.

Noir

Editions Lansman

63, rue Royale B-7141 Carnières-Morlanwelz (Belgique)
Téléphone (32-64) 44 75 11 - Fax/Télécopie (32-64) 44 31 02
E-mail : lansman.promthea@gate71.be

J'ai besoin d'une étoile
est le cent soixante-et-unième ouvrage
publié aux éditions Lansman
et le quatorzième
de la collection "Nocturnes Théâtre"

350 FB - 60 FF
(Toutes taxes comprises)
ISBN 2-87282-160-0

Diffusion et/ou distribution au 1/10/96
Même adresse que ci-dessus
sauf Amérique du nord et Mexique :
Libert T, 681 Principale, Laval H7X 1E2 (Qc)
Tél (514) 689-6044 - Fax (514) 689-2669

Vente en librairie et par correspondance

Les éditions Lansman bénéficient du soutien
de la Communauté Française de Belgique
(Direction du Livre et des Lettres),
de l'Asbl Promotion Théâtre et de la

SACD

Société des Auteurs
et Compositeurs Dramatiques

Achevé d'imprimer par l'imprimerie Daune à Morlanwelz
Dépôt légal : octobre 1996